AF454616

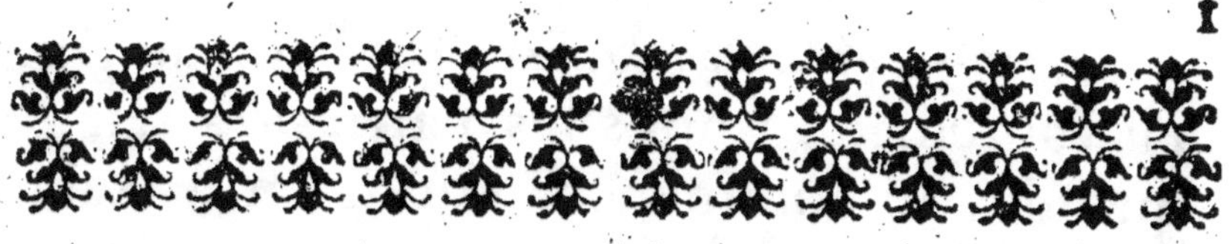

SERMON
SVR L'EVANGILE
selon S. Jean, chapitre 11.
versets 18. & 19.

Les Juifs donc prenant la parole, luy dirent, Quel signe nous montres-tu, que tu entreprennes de faire telles choses ?

Jesus répondit, & leur dit, Abbatez ce temple-cy, & en trois jours je le releveray.

HERS FRERES,

David prédisant sous la figure de son couronnement, l'exaltation du Christ, dont il estoit le type, dit de ce bien-heureux jour de sa Resurrection, dont nous celebrons aujourd'huy la memoire, que *c'est la journée que l'Eternel a* Pf. 118. *faite ;* exhortant en suite tous les Fidéles à

A

s'en réjouïr, & à s'en égayer. J'avouë que Dieu est l'auteur de toutes les parties du temps, que dés le commencement il en a étably l'ordre, qu'il a formé les corps celestes du mouvement desquels elles dépendent, & qu'il en conduit encore les suites ; si bien que de tous les jours, qui ont éclairé, & qui éclaireront le monde jusqu'à la fin, il n'y en a aucun qui ne soit l'ouvrage de sa providence. Néanmoins il est clair que l'Ecriture donne particulierement l'eloge de choses divines, faites & formées par la main du grand & souverain ouvrier, à celles où se découvrent d'une façon extraordinaire les marques de sa bonté, de sa puissance & de sa sagesse eternelle. C'est ainsi qu'il faut entendre cette parole du Prophete, que *Dieu a fait le jour* de la Resurrection de son Fils ; non pour nier, qu'à proprement parler il n'ait aussi fait tous les autres jours ; mais pour signifier simplement qu'il a orné celuy-cy d'une gloire si singuliere & si excellente, au prix de ce qui se voit dans les autres, qu'il semble dans cette comparaison, que ce jour soit beaucoup plus digne de la main de Dieu, que les autres; parce que les autres ne présentent à nos yeux que des choses que la Nature est capable de produire ; au lieu que nous en voyons de si grandes & si admirables en celuy-cy, & qui surpassent si fort les œuvres de la Nature, qu'il a fallu pour les faire que Dieu déployaſt une puiſſance & une bonté tout-a-fait extraordinaire. En effet, quel jour y eut-il jamais au monde ſemblable à celuy-là, qui *ramena des morts le grand Paſteur des brebis par le ſang de l'alliance eternelle?* qui rendit à l'Egliſe ſon Soleil de juſtice couronné de tous les rayons de ſa glorieuſe lumiere, dont la mort comme une courte éclipſe l'auoit dépoüillé pour trois jours? Ce jour vit ſortir nôtre Sauveur du tombeau, où nos pechez l'avoient fait deſcendre. Ce jour effaça l'opprobre de la Croix, & le ſcandale de toutes les infirmitez précédentes; Ce fut le magnifique theatre des grandes œuvres de Dieu. On y vit non un homme formé de la pouſſiere, comme au commencement, ou rétably en une vie animale & corruptible, comme il s'en étoit veu depuis; mais on y vit le Fils de Dieu ſe relevant victorieux d'une mort cruelle, pour viure d'une vie celeſte & immortelle, chargé des dépoüilles de l'enfer & de la mort, couronné de gloire & d'honneur, nous apportant les aſſurances de la paix & du ſalut du genre humain, avec les authentiques enſeignemens de ſa vraye & eternelle divinité; ſi illuſtres & ſi éclatans, qu'ils ne nous laiſſent plus douter que ce glorieux reſſuſcité ne ſoit le Fils propre & unique de Dieu; qu'il ne ſoit *Dieu ſur toutes choſes, beny eternellement,*

Hebr 13. 2

Rom 9. 5

Isa. 9. 6

& le Pere de l'éternité, comme il est nommé
dans les vieux oracles des Prophetes. Il est
vray que ce mesme jour avoit donné à Dieu
dés le commencement, un grand & admirable spectacle, quand se levant apres les six
jours de la semaine divine, il luy en presenta tous les ouvrages, les cieux & les autres
élémens, avec toutes les creatures, dont il
les avoit remplis, sans qu'en toute leur grande & infinie diversité il vist rien qui ne fust
tres-bon. Mais on ne peut nier que cet autre septiéme jour qui presenta Jesus-Christ
ressuscité aux yeux du Pere, n'ayt encore été
plus admirable que le premier, puis que sans
doute c'est plus d'avoir rétably l'Univers que
de l'avoir creé ; d'avoir fait & fondé un monde eternel, que d'en avoir produit un muable
& corruptible ; & que c'est plus encore de
montrer un Dieu fait homme, un crucifié
ressuscité, des pecheurs sauvez, des criminels justifiez, que de faire voir de simples
creatures & des innocens bien-heureux ; une
Nature revétuë de beauté & de gloire, mais
nette de tout peché, & à laquelle on ne peut
reprocher aucun crime. Puis que ces pre-
mieres merveilles ont fait le spectacle de
nôtre septiême jour, & les dernieres celuy
du premier, concluons que la gloire du se-
cond a surpassé celle du premier, & que c'est
proprement de luy qu'il faut chanter avec

le Pfalmifte ; *C'eft la journée que l'Eternel a faite.* Il paroift de là combien eft jufte le devoir qu'il nous demande en fuite, que dans
une fi admirable journée *nous nous rejoüiffions,
& nous égayions.* Car comme Dieu pare di-
verfement les temps, veftant, s'il faut ainfi
dire, les uns de blanc & les autres de noir,
rempliffant les uns de biens & de profperi-
tez, les autres de maux & d'adverfitez ; il eft
raifonnable auffi que nos efprits s'accommo-
dant à fon ordre ayent des mouvemens &
des fentimens differens felon la difference de
ces occafions. Quand le Seigneur nous châ-
tie, quand il noircit nôtre air de tenebres,
& qu'il ne nous y fait voir que de la confu-
fion & de l'horreur, il eft jufte que nous nous
humilïons, & que nous tafchïons d'appaifer
fa colere par une profonde trifteffe, & par des
pleurs & des gemiffemens finceres. Mais
quand au contraire, il fait luire fur nous quelques extraordinaires rayons de fa bonté, ré-
pandant la paix & la profperité, foit dans
les Etats où nous vivons, foit dans l'Eglife,
ou mefme dans nos familles, ce feroit une
extréme ingratitude que de n'en eftre pas
touchez de ioye. Car, comme dit Salomon,
à toute chofe fa faifon, & à toute affaire fous les
Cieux fon temps ; Temps de pleurer & temps de
rire; temps de mener deüil, & temps de fauter de
joye. De là vient le reproche que la Para-

Eccle-
fiafte
l. 4.

uc 7.
, 33.
4.

bole Evangelique fait aux Juifs de n'avoir
ni pleuré à la prédication de Iean-Battiste,
ni donné aucun signe de joye à celle de Jesus-Christ, nous apprenant à estre sensibles
aux diverses conduites de la divine Providence, selon qu'elles nous sollicitent ou à la
salutaire tristesse de la repentance, ou à la sainte & agreable réjoüissance du salut. Dieu veüille, Chers Freres, que nous nous acquittions
religieusement de ces deux differens devoirs,
& que répondant soigneusement aux diverses
dispensations dont Dieu use avecque nous,
il nous mette au rang de ces bien-heureux,
dont le Seigneur dit à la fin de cette Parabole,

à mê-
me v. 35

que *la sagesse a été justifiée par tous ses enfan*. Dieu
fait, & vous nous en estes témoins, que cet-
te Chaire n'a pas manqué dans l'une & dans
l'autre de ces deux diverses conjonctures, de
vous exhorter à vôtre devoir, vous chantant
tantost des complaintes, & tantost des cantiques de joye & de reconnoissance, selon la
difference des temps. Pour cette heure nous
avons à vous entretenir d'un doux & agreable
sujet, qui seroit, si nous étions ce que nous
devons estre, toute la matiere de nos predi-
cations. Car puis que Jesus-Christ est ressuscité des morts ; puis que si nous sommes vraye-
ment Chrétiens, no⁹ sommes ressuscitez avec
luy, & que nous sommes mesme assis avecque
luy dans le Ciel, quelle devroit estre toute

nôtre vie, sinon une feste, une réjoüissance,
un trionfe perpetuel ? Aussi voyez-vous que
le saint Apôtre nous considerant dans cet
état, & présupposant que nous sommes vrayment Chrétiens, participans de la resurrection du Seigneur, nous commande *d'estre* Phil. 4.
toûjours joyeux, non à quelques jours de l'année 4.
seulement, à Noel, à Pasque, à la Penteco-
ste, & à quelque peu d'autres festes semblables ; mais *toûjours*, sans qu'il se rencontre
dans nôtre vie, aucune année, aucun mois,
aucune semaine, aucun jour ni aucune heure,
où ne luise quelque rayon de la joye parfaite
& divine, que la resurrection du Seigneur
doit avoir répanduë dans toutes les parties
de nos ames, si nous la croyons veritablement, comme nous en faisons profession.
Mais puis que l'infirmité de nôtre nature, ou
pour mieux dire nôtre lascheté, & nôtre incredulité, a troublé ce bel ordre, & soüillé la
plus grande partie de nôtre vie de deüil & de
choses dignes de larmes plûtost que de joye,
accommodons nous à nôtre foiblesse, & me-
ditons, au moins en ces occasions, ce que
nous devrions avoir incessamment dans nôtre pensée, la resurrection de nôtre Sauveur,
pour apporter en suite à sa Table des ames
pleines de reconnoissance, & d'une sainte &
immuable resolution de vivre desormais en
luy, & avec luy, une vie digne de la resurre-

ction & de l'immortalité à laquelle il nous
appelle. Nous avons choisi pour le sujet de
nôtre meditation les paroles de l'Evangeliste
que vous m'avez entendu lire, où deux choses nous sont representées, que nous conside-
rerons, s'il plaist à Dieu, l'une apres l'autre;
la demande des Juifs, & la réponse du Seigneur. Les Juifs luy demandent un signe, &
il leur en promet un, mais tout autre que celuy qu'ils demandent. *Les Iuifs* (dit l'Evangeliste) *répondant luy dirent, Quel signe nous montres-tu, que tu entreprennes de faire telles choses?* Jesus venant au temple de Jerusalem, & y trouvant des gens qui vendoient des bœufs, des
brebis, & d'autres animaux pour les sacrifi-
ces, à ceux qui en vouloient offrir à Dieu; &
des Banquiers pour le change des especes de
monnoye necessaires pour l'achat de ces choses; touché d'une juste indignation de voir
ainsi profaner ce lieu Saint, fit un fouët de
cordes; & jetta tous ces gens avec leur mar-
chandise hors du Temple, & renversa les tables des Changeurs, disant, *Otez ces choses d'icy,*
& ne faites pas de la maison de mon Pere un lieu de
marché, comme l'Evangeliste le raconte dans
les versets précédens. C'est ce qu'entendét les
Juifs, quand ils demandent à Jesus, *pourquoy il*
entreprenoit de faire ces choses? Et c'est ce que l'E-
vangeliste nous donne à entendre, quand il dit
qu'*ils répondirent;* c'est à dire, qu'ils répondirent

non à sa demande (car il ne leur en avoit fait aucune) mais à son action ; à ce qu'il avoit fait, & non à ce qu'il avoit dit ; en un sens où ce mot de *répondre* se prend souvent dans l'Ecriture ; & pour nous le mieux signifier, nôtre Bible a traduit simplement que les Juifs *prirent la parole*, & non qu'ils *répondirent* ; parce que le mot de répondre ne se dit en nôtre langue, que quand on répond aux paroles de quelqu'un. S. Matthieu écrivant ou la mesme histoire, ou une autre toute semblable, nous apprend plus particulierement la qualité des Juifs qui firent cette demande au Seigneur, disant, que *c'étoient les principaux Sacrificateurs,* Math. *& les Anciens du Temple.* C'étoit à eux de fai-²¹. ²³. re ce que Jesus avoit fait, puis que leur charge étoit d'avoir soin du Temple, des choses saintes, & de tout le service divin ; d'y mettre un si bon ordre, que tout s'y passast dans la bien-seance, avec l'honneur & le respect dû à la maison de Dieu. C'est pourquoy ils se picquent de ce que Iesus Christ ose l'entreprendre ; voyant bien que son action étoit une secréte accusation de leur négligence, de souffrir un si vilain abus, & de leur avarice, qui en étoit la vraye cause ; car il ne faut pas douter, que les Marchands & les Changeurs ne leur fissent part de leur gain, pour avoir la liberté d'exercer ce trafic dans les saints lieux. Mais l'action de Jesus étant en elle-méme trop bonne, & trop loüable pour la reprendre, ils n'en difent rien au fond; Ils querellent feulement Jefus fur l'autorité, prétendant qu'il n'en avoit aucune, ni ordinaire, ni extraordinaire; Non l'ordinaire, ce qu'ils préfuppofent comme une chofe claire & reconnuë, parce qu'il n'étoit nj de l'ordre des Sacrificateurs Lévitiques, ni de celuy des Anciens, ou des Docteurs de la Loy. Mais pour l'autorité extraordinaire, s'il s'en attribuoit quelqu'une de cette nature, ils tafchent expreffément de l'en dépoüiller, luy demandant, *quel figne il leur montroit*, capable de les convaincre, que bien qu'il ne fuft pourueu d'aucune des charges ordinaires dans l Eglife Judaïque, il ne laiffoit pas d'avoir le pouvoir de fe méler de fa conduite, l'ayant receu de Dieu extraordinairement. Vn Jefuite des plus animez contre nous, écrivant fur ce paffage, n'a pû s'empécher de s'écrier. *Pleuft à Dieu (dit-il) que nous n'euffions point aujourd'huy dans l'Eglife de femblables Pharifiens, qui ne fecourent ni ne fervent eux-mefmes l'Eglife, & qui empéchent ceux qui la veulent fecourir & fervir, fous ombre qu'ils n'y ont point d'autorité!* Il me femble que nos Peres euffent eu beaucoup plus de raifon que n'en avoit ce Jefuite, de faire cette plainte des Papes, & des Prelats de la communion Romaine, qui ne pouvant nier, qu'il n'y euft divers abus dans leur Eglife, ne vouloient ni les re-

Mald.
fur S
Iean 2.
18.

former eux-mesmes, ni souffrir que d'autres
y missent la main; parce que n'ayant ni Mitre,
ni aucune des autres marques des Prelatures
de leur Eglise, ils prétendoient qu'ils ne pouvoient avoir ni autorité ni droit de se mesler
de pareilles choses. Certainement, nous con-
fessons volontiers qu'il n'est pas permis de rien
changer dans l'administration publique de la
Religion, sans la vocation, & l'ordre de Dieu.
Mais quant aux Juifs dont il est ici question,
ils se trompoient lourdement dans ces deux
choses qu'ils supposoient ; l'une en general,
qu'aucun de ceux qui ne sont pas établis dans
les charges ordinaires de l'Eglise, n'a jamais
vocation d'y rien changer, à-moins que de
montrer des signes, c'est-à-dire, à-moins que de
faire quelques miracles; l'autre en particulier, que Jesus ne leur avoit fait voir aucun
signe, ni aucun miracle. Car pour commen-
cer par cette derniere erreur, l'impudence de
ces gens n'étoit pas supportable en ce qu'ils
demandoient des signes au Seigneur; dont la
vocation à la grande & souveraine charge du
Messie étoit si clairement établie premierement dans leurs propres Ecritures, puis que
les marques qu'elles nous donnent du Messie
se trouvoient toutes clairement accomplies
en lui, le lieu, le temps & la maniere de sa
naissance, son extraction, sa pauvreté, son
anéantissement, sa sagesse, son innocence,

sa sainteté, & les autres particularitez semblables, jusqu'à son entrée dans la ville de
Jerusalem; choses que ces Juifs ne devoient
pas ignorer, & qui les obligeoient à recevoir
le Seigneur en qualité de Roi & de Prophete
Souverain; au lieu de lui contester, comme
ils font, l'autorité de reformer un abus gros-
sier & inexcusable. Secondement, saint Jean
Baptiste, dont eux-mesmes n'osoient nier la
vocation, avoit hautement témoigné & con-
firmé plus d'une fois la qualité, & la Divinité
de Jesus. Enfin, pour ces signes & ces miracles mesmes, à quoi ils s'attachoient si fort,
il en avoit fait voir de si illustres, & en si
grande quantité, que c'est un prodige que
dans une pareille abondance de lumiere, ces
miserables aveugles lui demandent *quel signe il leur montre.* Je laisse sa Naissance d'une
Vierge, l'apparition, & le cantique des Anges dont elle fut accompagnée, l'adoration
que les Mages lui rendirent, & le flambeau
celeste qui les guida à son berceau, l'eau
changée en vin aux nôces de Cana, les trou-
pes repeuës miraculeusement, les aveugles
illuminez, les malades gueris, les morts ressuscitez; choses que ces calomniateurs du
Seigneur ne pouvoient ignorer autrement
que par une malice volontaire. Mais ce qu'il
venoit de faire devant leurs yeux, & en quoi
ils ne trouvent eux-mesmes rien à redire,

que l'autorité de le faire, n'étoit-ce pas un
ſigne, & un ſigne ſi grand, qu'un Ancien n'a
point fait difficulté d'écrire, qu'entre tous
les ſignes faits par le Seigneur, il *n'en trouve* S. Ie-
point de plus admirable que celui ci, qu'un ſeul hom- roſme.
me, alors vil & mépriſable juſques là qu'il fut cru-
cifié, en preſence des Scribes & des Phariſiens ſes plus
cruels ennemis, qui voyoient avec douleur ruiner leurs
profits & leurs gains ait pû, au ſimple bruit d'un
foüet de cordes, chaſſer une ſi grande multitude, ren-
verſer les tables, & briſer les ſieges de tant de gens
ſi intereſſez ; choſe qu'une groſſe armée euſt eu de la
peine à executer. C'eſt, ſans doute, dit-il, qu'un
feu celeſte, ſemblable à celui des Aſtres rayonnoit
dans ſes yeux, & que l'on voyoit reluire ſur ſon vi-
ſage la Majeſté de ſa Divinité. Quand donc les
ſignes ſeroient abſolument neceſſaires pour
établir un droit, & une vocation extraordinaire, toûjours eſt-il clair que l'erreur de ces
Juifs eſt inexcuſable, d'avoir ignoré ou diſ-
ſimulé ceux du Seigneur. Mais certainement,
cette maxime qu'ils ſuppoſoient eſt auſſi elle-
meſme vaine & ſans fondement ; bien que
ceux de Rome la ſuivent aujourd'hui, auſſi-
bien que ces vieux Juifs ; la paſſion qu'ils ont
contre nous, les ayant fait tomber dans cette
erreur. Car ſe trouvant foibles, quand il eſt
queſtion de combatre la verité meſme de
noſtre doctrine, ils ont recours à cette chi-
cane, nous demandant quels ſignes nous leur

montrons pour entreprendre d'enseigner comme nous faisons ? & ce Jesuite dont nous avons déja parlé, au mesme lieu que nous en avons rapporté, apres avoir confeßé que les Juifs avoient grand tort de demander des signes au Seigneur, ajoûte que lui & ceux de sa Communion ont raison de nous en demander, à nous qu'il appelle *heretiques*, selon sa médisance ordinaire ; *parce* (dit-il) *que nous ne montrons ni par les Ecritures, ni par des miracles, que nous ayons esté envoyez de Dieu.* S'il entend par là, que nous ne pouvons montrer que nous soyons des Prophetes, inspirez immediatement par l'esprit de Dieu, comme étoient autrefois Moïse, Esaïe, Elie, Malachie, & autres ; jamais pas un de nous ne s'étant attribué cette qualité, nous n'avons besoin ni d'Ecriture ni de miracles pour prouver que nous ayons cette sorte de mißion, laquelle nous ne prétendons pas. En effet, elle ne nous est pas neceßaire pour ce que nous prétendons faire ; qui n'est autre chose que de connoiftre, & de croire nous-mesmes, & de prefcher & perfuader à nos auditeurs, les veritez revelées de Dieu, par son Fils, à ses Apôtres, & fuffifamment confirmées, tant par l'autorité de leur miniftere, que par leurs grands & innombrables miracles, & enfin par le divin fuccés de leur vocation. La vocation Prophetique, qui est jointe avec la révelation extraordinaire de l'Esprit saint, n'est necessaire qu'à ceux, qui proposent des enseignemens, ou des ordres nouveaux, & non laissez par les Apôtres, tels que sont ceux que nous contestons à l'Eglise Romaine, la transsubstantiation, l'adoration de l'Eucharistie, l'invocation des Saints, & plusieurs autres. D'où il s'ensuit qu'en cette cause ils nous demandent ce qu'ils nous doivent; c'est à eux, & non à nous, à *montrer des signes* par lesquels il paroisse clairement, que toutes ces choses dont ils ont fait autant d'articles de foy, leur ont été revelées par l'Esprit du Seigneur, & que Dieu assiste tellement leur Pape & le Concile qui les propose, qu'il n'est pas possible que l'un ou l'autre, ou tous les deux ensemble errent jamais dans aucune des choses de la foy & du salut. Mais je laisse-là la controverse : ce jour est destiné à un tout autre exercice. Je viens donc à l'admirable réponse que le Seigneur fit à l'injuste & malicieuse demande que luy faisoient les Juifs. *Iesus répondit, & leur dit, Abbatez ce Temple-cy, & en trois iours je le releveray.* Ces paroles souffrent deux sens, & on les peut prendre, ou à la lettre du Temple materiel de Jerusalem, ou figurément du corps du Seigneur. Le premier sens est à propos du sujet, & répond justement à la demande des Juifs. Car il estoit question de leur Temple, puis qu'ils

prétendoient que le Seigneur ne pouvoit y
rien faire ni changer, à moins que de justifier
par quelque signe qu'il en avoit le droit &
l'autorité. Et tel est précisement le signe, que
leur promet sa réponse, entenduë en son sens
literal. Car suposé que le Temple de Jerusalem
eût été abbatu & détruit, relever ses ruines en
trois jours, étoit l'ouvrage d'une vertu & d'u-
ne puissance divine, qui n'appartenoit qu'au
mesme Dieu, qui étoit servi & adoré dans
ce Temple; & qui en étant, par consequent,
le Maître & le Seigneur, avoit toute autorité
d'en disposer, d'y faire & d'y changer les choses comme bon luy sembloit. Si donc Jesus
eût fait ce miracle, les Juifs ne pouvoient
nier qu'il ne leur eût donné le signe qu'ils
demandoient, & qu'il n'eût, par consequent,
l'autorité d'en chasser ceux qui le profanoient
par l'abus de leur traffic & de leurs banques.
En effet, les Iuifs qui prenoient les paroles du Seigneur en ce sens, ne contredisent
pas que ce signe, s'il le faisoit, ne fust bon
& propre à fonder l'autorité qu'il avoit prise
de bannir du Temple cette profanation. Ils
rejetterent seulement l'effet qu'il sembloit
promettre, s'en moquant comme d'une chose incroyable & impossible, & disant, comme
l'Evangeliste l'ajoûte, *On a été quarante-six*
Iean 2. *ans à bâtir ce Temple, & tu le releueras en trois*
20. *iours!* Mais ils se trompoient. Ce n'étoit pas

là

le vrai sens des paroles du Seigneur ; S. Jean nous en avertit expressément ; *Mais luy* (dit-il) *il parloit du Temple de son Corps,* c'est à dire, que son corps étoit le Temple dont il parloit ; & il l'avoit sans doute ainsi signifié lui-mesme par la maniere dont il prononça ces paroles, *abbatez ce Temple* , en regardant & en montrant au doigt , non le Temple des Juifs , mais son propre corps ; de sorte que si les Juifs y eussent pris garde, écoutant ses paroles avec foi & respect, ils se fussent bien apperceus d'eux-mesmes, qu'il y avoit quelque sens caché autre que celui de la lettre. Et quant à ce qu'il donne le nom de *Temple* à son corps , cela ne les devoit pas arrester. Car puis que le corps de chaque Fidéle est bien honoré de ce nom, combien plus appartient-il au corps du Seigneur ? Et si un bâtiment de bois & de pierre est appelé un *Temple*, à cause que la Divinité y est servie, combien plus devons-nous tenir pour des temples les corps des Fidéles où Dieu est adoré & servi , & où il témoigne lui-mesme dans ses Ecritures, qu'il veut habiter , & qu'il y habite en effet ? Saint Paul l'a ainsi entendu, lors qu'il dit expressément, que *nos corps sont les Temples du saint Esprit* ; & parlant de nos personnes, *Vous estes,* dit-il , *le Temple du Dieu vivant, ainsi que Dieu a dit, I'habiterai au milieu d'eux.* Les Juifs étoient capables d'entendre

Iean 2.
21.

1. Cor.
6. 19.
2. Cor.
6. 16.

B

cette verité. Leur seule incredulité les em-
peschoit d'y prendre garde. Et s'ils eussent
eu de nostre Jesus le vrai sentiment qu'ils en
devoient avoir, c'est à dire, s'ils l'eussent te-
nu pour le Christ de Dieu, le nom de *Temple*
leur eust encore moins fait de peine, puis que
c'étoit l'un des eloges que leurs Rabbins mesmes donnoient au Messie, comme il paroist par
le témoignage de l'un des plus celebres; *Le*
Messie (dit-il) *sanctifié d'entre les enfans de Da-*
vid, est luy-mesme le Sanctuaire des Sanctuaires.
Mais il faut s'elever beaucoup plus haut que
ne font les Juifs, pour bien comprendre pourquoy le nom de Temple appartient au corps
de Jesus. J'avoüe que sa pureté, sa sainteté,
& la gloire de Dieu à laquelle il servoit continuellement luy acqueroient ce nom, d'autant plus justement qu'aux Fidéles, que ces
qualitez étoient plus hautement & plus parfaitement en luy, qu'en eux. Mais outre cela, il y avoit droit pour deux autres raisons,
qui luy sont propres, & incommunicables à
tout autre. L'une est, que non simplement
la Divinité, mais toute la plenitude de la Divinité habitoit en luy, & y habitoit mesme
non figurément comme dans le Temple de
Jerusalem, & dans nos corps; mais *corporelle-*
ment, comme saint Paul l'exprime admirable-
ment, c'est à dire, qu'elle y habite en corps
& non en ombre; en verité & non en figure,

R. Mo-
ses Ge-
rund.
rapporté
par
Grot.
sur ce
lieu.

& comme on en parle dans l'Eglise, qu'elle
y habite *personnellement*, parce que celuy duquel est ce corps, est vrayment Dieu. L'autre
raison est que l'expiation de nos péchez s'est
faite dans ce divin Corps, *il a porté nos péchez* 1. Piet.
en son Corps sur le bois, dit saint Pierre. Si donc 1. 24.
le nom de *Temple* est donné à celuy de Jerusalem, parce que c'étoit le seul lieu du monde où étoit l'autel & le sacrifice capable de
purifier les pecheurs ; combien plus doit-il
estre donné au Corps du Seigneur, l'unique
propitiation de Dieu, l'unique purification
des pécheurs ? qui sanctifie veritablement,
& non comme l'autel du vieux Temple en
ombre & en figure seulement, *nos consciences* Hebr.
& non nostre chair; non pour un temps, mais 9.13 14.
pour toûjours, pour l'eternité toute entiere ?
C'est donc, sans doute, de ce Temple-là,
qu'il faut entendre les paroles de Jesus, *Abbatez ce Temple, & en trois jours je le releveray.*
Mais vous me direz, peut-estre, qu'étant
prises en ce sens, il semble qu'elles n'ont
point de rapport au sujet dont il s'agissoit,
parce qu'il étoit question du *Temple*, au lieu
qu'elles répondent du *corps*. Et moy je dis
tout au contraire, qu'elles défont & délient
nettement le nœud de la question, qui étoit
précisément, comme vous sçavez, de montrer aux Juifs un signe qui justifiast l'autorité
que Jesus prenoit de disposer des choses du

Temple. Car quel autre signe d'une vocation divine, plus clair & plus convainquant peut-on rapporter, ou imaginer, que la resurre-ction d'une personne d'entre les morts? œu-vre, dont la seule puissance de Dieu est capable. Et ce n'est pas seulement icy qu'il l'al-legue à ces demandeurs de signes : Ailleurs, dans le douzième chapitre de saint Matthieu, il leur répond la mesme chose au fond, bien qu'avec des paroles differentes ; *il ne sera point* **Matth.** *donné de signe à cette nation méchante & adulte-* **12 39.** *resse, sinon celuy de Ionas* ; & vous sçavez que **40.** ce signe de Jonas n'est autre chose que la re-surrection du Seigneur d'entre les morts, apres avoir été trois jours dans le tombeau. En effet, c'est le grand signe de Jesus, qui contient une entiere justification de sa Divi-nité & de son autorité, & une pleine convi-ction de l'incredulité des Juifs que la croix du Seigneur scandaliza, & de la folie des Gentils qui s'en moquerent. C'est ce que nous enseigne l'Apostre, quand il dit, *qu'il* **Rom. 1.** *a été pleinement declaré Fils de Dieu en puissance,* **4.** *selon l'Esprit de sanctification par la resurrection des morts.* Ne m'alléguez point que sa resur-rection ne pouvoit servir à resoudre leur doute, puis qu'elle n'étoit pas encore, & qu'elle n'arriva que long-temps apres. Je répons, que c'est pour cela mesme qu'il les y renvoye ; parce que ce devoit estre la fin &

l'accompliſſement de toute ſa converſation
ſur la terre. Car ſon deſſein n'étoit pas de les
ſatisfaire nettement, parce qu'ils en étoient
indignes, cherchant par leurs demandes non
à s'inſtruire, ou à s'éclaircir de la verité,
mais ſeulement à le chicaner, & à le ſur-
prendre, pour rendre ſa doctrine odieuſe &
ſa perſonne mépriſable. Avec des gens qui
agiſſent ainſi on traitte de la meſme ſorte.
On les renvoye à la fin, parce qu'il ſeroit ou
inutile ou ſuperflu, de leur éclaircir les commencemens : C'eſt comme s'il leur diſoit,
quelque choſe que je die ou que je faſſe, vous
ne voulez rien croire ; vous rejettez tous les
enſeignemens de ma verité. Mais enfin, vous
en verrez un qui vous ſurprendra, auquel
vous ne vous attendez pas, mais qui arrive-
ra pourtant, lors que m'ayant fait mourir,
& tenant mon corps renfermé dans le tombeau, cacheté de vos ſeaux, & ſous la garde
de vos ſoldats, je l'en tireray vivant, mal-
gré tous les efforts de voſtre fureur. C'eſt la
raiſon pourquoy il leur parle obſcurement,
couvrant ſon vray ſens en des paroles mé-
taphoriques, que ſes Apoſtres meſmes ne
pénetreſent pas pour l'heure. Et ailleurs,
l'Evangile remarque, qu'étant enquis de ſes
Diſciples pourquoy il ne parloit aux Juifs Matth
13. 13.
que par ſimilitude, *parce* (dit-il) *qu'en voyant
ils ne voyent point, & en oyant ils n'entendent point.*

B iij

Il punit ainſi l'ingratitude des profanes & obſtinez contempteurs de ſon Evangile, leur faiſant ſeulement entrevoir la beauté de ſes perles celeſtes, afin que ce ſouvenir & le regret qu'ils auront d'avoir fait ſi peu de conte de ſes divins joyaux, les tourmente & les afflige davantage, les convainquant & de la bonté du Seigneur, qui daignoit ſe communiquer à eux, & de leur malice & de leur perverſité propre, d'avoir méchamment dédaigné ſes preſens. Mais avec ſes Diſciples qui recevoient ſa doctrine dans une ame ſimple & innocente, il agiſſoit tout autrement, leur découvrant ce qu'il cachoit aux autres, comme il paroiſt dans ce meſme myſtere, dont il ne parle aux Juifs qu'obſcurément, au lieu que dans le ſeizième chapitre de ſaint Matthieu, & ailleurs, il dit nettement à ſes Diſciples que les Anciens, les Scribes & les Sacrificateurs le perſécuteroient cruellement, & le feroient mourir dans la ville de Jeruſalem, & qu'*il reſſuſciteroit au troiſième jour*, Ces deux veritez, l'une de ſa mort, & l'autre de ſa reſurrection, qu'il enſeigne clairement & ouvertement à ſes Apoſtres ſont celles-là meſmes qu'il predit ici, mais obſcurément, & couvertement aux Juifs, en ces mots, *Abbatez ce corps, & en trois jours je le releveray*. Car en diſant, *Abbatez ce Temple*, il ne leur commande pas de le tuer (à Dieu ne plaiſe que

ce Saint des Saints leur ait commandé de
commettre un si abominable crime) Il ne
remet pas non plus à leur volonté de le faire,
ou de ne le faire pas, leur dénonçant simplement, que s'ils le font, & supposé qu'ils le
fassent, il relévera ce qu'ils auront abbatu :
(ce sens seroit foible & languissant, & peu
digne de la Majesté du Seigneur) Mais il leur
prédit qu'ils le feront assurément; Qu'ils tom-
beront certainement dans cét effroyable ex-
cés; & qu'ainsi ils luy prépareront eux-mê-
mes la matiere du signe qu'ils luy demandent;
parce qu'alors il relévera en trois jours par
sa puissance, son Corps le vray Temple de la
Divinité abbatu par leur fureur. Qu'ils attendent que les choses soient en état ; qu'y
étant, le signe dont ils l'importunent ne leur
manquera pas. Car le stile des Prophetes
c'est de parler souvent ainsi, & de mettre l'im-
peratif pour le futur, c'est à dire de comman-
der que les choses se fassent, pour signifier
qu'elles se feront sans y manquer, comme
quand Esaye, pour prophetiser l'abbaissement
& la destruction de l'Etat des Babyloniens.
*Descen, Vierge fille de Babylone (dit-il) assieds-
toy dans la poussiere, assieds toy à terre, il n'y a plus* Esa 47
de trône pour la fille des Caldéens; où vous voyez
qu'il luy commande de faire ce qu'il veut signifier & prédire qu'elle fera. C'est ainsi
qu'il faut prendre les paroles du Seigneur; il

B iiij

dit à ces Juifs qui luy demandoient un signe,
Abbatez ce Temple ; (c'est à dire , son corps)
pour signifier qu'ils l'abbatront, c'est à dire, qu'ils le détruiront, luy ôtant la vie , &
le privant & dépoüillant de l'ame , qui le
faisoit subsister. Et cette Prophetie ne man-
qua pas de s'accomplir ponctuellement en
toutes ses deux parties. Ces Juifs s'opiniâ-
trant dans leur incredulité , *abbatirent son*
corps , le sacré Temple de Dieu , dont celuy
de Jerusalem n'étoit que la figure , & l'abbatirent de la plus violente , de la plus cruelle
& ignominieuse maniere qui se puisse imaginer, par les horribles tourmens de la croix,
où ils l'attacherent , & le laisserent jusqu'à
ce qu'il eût rendu l'esprit , & qu'en suite il
eût été mis dans le tombeau , le plus bas lieu
où l'on voye descendre nos corps ; & Jesus de
son côté , le releva trois jours apres, en une
vie , & en une forme beaucoup plus glorieuse, que celle dont il avoit été dépoüillé par
le parricide des Juifs. Admirable & vrayment
divine Prophetie du Seigneur , conceuë en
des paroles dont la lettre suffit pour confon-
dre tout l'artifice de ses ennemis , & dont le
mystere satisfait tellement à leur demande,
qu'il contient tout ensemble la démonstra-
tion & de leur injustice & de leur méchance-
té désesperée , & de sa Divinité. Vous sçauez
tous , l'histoire de cette glorieuse Résurre-

ction du Seigneur, dont nous avons seulement à toucher le fruit & l'usage. Mais avant
que d'y venir, remarquez, je vous prie, dans
la maniére de la prédiction qu'en fait icy le
Seigneur, deux merveilleux argumens qu'il
nous y donne; l'un de la verité de sa Charge ; & l'autre de la Divinité de sa personne.
Pour le premier, il dit que son Temple abbatu par les Juifs, sera relevé trois jours aprés,
c'est à dire, que son corps sera ressuscité d'entre les morts, comme l'Evangeliste nous
l'explique, & comme le Seigneur le dit luy-
mesme expressément & en propres termes.
Nous ne pouvons douter de la foy des Evan-
gelistes qui le témoignent, & qui n'avoient
pour tout aucune raison de le feindre ; mais
au contraire ils en avoient beaucoup de le
taire, supposé mesme qu'il eust pû estre vray.
Or je demande aux infidéles, qu'ils nous mon-
trent un seul homme dans toute la mémoire
du genre humain, qui ait jamais parlé ainsi ?
qui avoüant qu'il mourra, ait ou dénoncé à
ses ennemis, ou promis à ses amis, qu'il ressuscitera aprés avoir souffert la mort ? Certes, cét événement est si étrange, si relevé au
dessus des voyes de la Nature, & des pensées
des hommes ; & d'aillleurs d'une conviction si
facile, en cas que la chose ne répondist pas à
la prédiction, que de tous ceux qui ont forgé
les fausses Religions du monde, quelque

hardis & témeraires qu'ils ayent été, il ne s'en
est trouvé aucun assez impudent pour promettre de soy-mesme une chose pareille à
celle-là. Il n'y a de tous les hommes du monde, que Jesus seul qui ait prononcé ces paroles, *Ie ressusciteray le troisieme jour* ; signe évi-
dent que non seulement la chose étoit vraye,
mais qu'il étoit mesme assuré de sa vérité, parce qu'autrement il ne l'eust non plus dit, que
tous les autres qui ont étably des Religions
dans le monde, non pas mesme Mahomet, le
plus effronté de tous.   Je laisse les Oracles,
qui avoient prédit la mesme chose plusieurs
siecles auparauant dans les Ecritures des
Juifs : Je laisse la déposition des Apôtres &
des autres Disciples, témoins tout à fait des-
interessez, qui ont affirmé jusqu'à la mort,
que la prédiction a été réellement accomplie.
Je n'allégue, pour cette heure, que la forme,
& l'expression mesme de cette prédiction ; &
je m'assure que si les impies & les infidéles la
considerent attentivement, ils reconnoistront
qu'il faut nécessairement que Jesus qui a ainsi
parlé, fust parfaitement assuré de la vérité de
ce qu'il prédisoit.   J'en dis autant encore de
ce qu'il promit plusieurs fois, d'une maniére
non moins hardie ni moins étrange, *qu'il res-*
suscitera au dernier jour, tous ceux qui auront crû
en luy. Avant luy, jamais personne n'avoit
ainsi parlé. Depuis luy, Mahomet a dérobé

Iean 6.
39. 40.
44.

à Jesus la doctrine de la résurrection ; mais il
n'a pas pourtant été assez hardy pour promettre à ses Musulmans, qu'il les ressuscitera luy-
mesme. Pourquoy ? parce qu'il a préveu que
personne ne l'en croiroit, voyant qu'il ne s'é-
toit pas ressuscité luy-mesme ; au lieu que Jesus étant certain de sa résurrection aprés sa
mort, n'a point craint de nous promettre de
nous ressusciter tous un jour.   L'autre chose
que nous avons à remarquer, c'est qu'au lieu
que le Seigneur prédit simplement ailleurs,
qu'il ressuscitera des morts, il dit icy expressément, qu'il *relevera luy-mesme, trois jours aprés
sa mort, son Temple abbatu par les Iuifs*, c'est à
dire, comme vous voyez, son propre corps :
ce qui n'étant l'œuvre ni d'un homme, ni d'u-
ne ame d'homme , mais de Dieu seul , nous
avons par là une preuve de sa vraye & éternelle Divinité , contre l'impiété des héréti-
ques qui la nient, d'autant plus forte , que
ces misérables tiennent que l'ame s'éteint
avec le corps, ne restant rien d'elle, qui sub-
sistant dans la nature des choses, soit capable de vouloir, d'entendre, ou de se mouvoir,
ni, par conséquent , de *relever*, & beaucoup
moins de vivifier un corps. Saint Pierre nous
fournit aussi un témoignage semblable de la
mesme verité, quand il dit , parlant du Seigneur, qu'ayant été *mortifié en chair, il fut vi-*
vifié par l'Esprit, par lequel il avoit autresfois

1. Pier,
3. 18 19.
20.

prêché, du temps de Noé, aux esprits qui
font en chartre ; ce qui ne se peut entendre,
que de sa Divinité ; son ame humaine n'ayant
été formée qu'au temps de sa conception dans
le sein de la bien-heureuse Vierge Marie.
Ainsi, ce peu de paroles du Seigneur confir-
me deux grandes véritez, les principales co-
lomnes du Christianisme ; l'une contre les infidéles, que Jesus, l'auteur de nôtre Religion
est un vray Prophete envoyé du vray Dieu ;
l'autre contre les héretiques, que Jesus est
vray Dieu, tout-puissant & éternel avec son
Pere. Adorons-le donc, Freres bien-aimez,
& persévérons constamment en sa foy & en
son service. Reconnoissons la grandeur de sa
Personne, & la vérité de sa sainte doctrine,
par sa résurrection glorieuse, accomplie comme il l'avoit prédite à ses Apôtres, & aux
Juifs, & comme en avoient prophétisé, plusieurs siecles auparavant, les anciens oracles
d'Israël. Cette résurrection du Sauveur éta-
blit tout ce que nous croyons selon l'ensei-
gnement des Ecritures, du fruit de sa precieu-
se mort, c'est à dire, de la satisfaction de la
justice divine, de l'expiation de nos pechez,
& de la destruction de tous les ennemis de nôtre salut. Car puis que Dieu a donné à nôtre
Médiateur le droit & la liberté de sortir de la
mort & de sa prison où il étoit entré pour nous;
nous ne devons plus douter que nôtre paix ne

foit faire, felon ce que dit l'Apôtre, que *Chrift* Rom.
a été livré pour nos offenfes, & reffufcité pour nôtre 4. 25.
juftification. Cette réfurrection a remis la vie,
l'immortalité & la gloire dans fon facré corps,
qui avoit été abbatu pour nous racheter, &
qui avoit répandu fon fang pour laver nos
crimes ; d'où nous devons nous affûrer que le
facrifice de ce corps, fait fur la Croix pour
nous, a été agréable, & que le Pere *en a fleu-*
ré (comme parle l'Ecriture) *une odeur d'appai-* Gen. 8.
fement. C'eft auffi ce que nous enfeignent le 20.
pain & le vin facré que la Table du Seigneur
nous préfente. Ce pain & ce vin nous promet-
tent la communion de fon corps & de fon
fang, & la nourriture de nos ames en vie éternelle, en cette mefme vie dont Jefus commen-
ça de vivre au fortir de fon tombeau. Aprés
tant de bonté que ce divin Seigneur a eu pour
nous ; aprés tant de biens, de graces & de gloi-
res qu'il nous a acquifes, tant de douleurs &
de tourmens qu'il a foufferts pour nous les
meriter, que refte-t-il, finon qu'avec une pure joye & un profond refpect, nous nous ap-
prochions tous de fa divine Table, pour luy en
faire une fincére & religieufe reconnoiffance ?
que touchez d'un vif fentiment de la compaffion & de l'amour qu'il a eu pour nous, & re-
nonçant chacun à fes petits interefts, nous
ayons une fincére & ardente charité les uns
pour les autres, nous uniffant tous comme

freres en un mesme corps, pardonnant à ceux qui nous ont offensez, recherchant la paix avec eux, si nous l'avons troublée, secourant les pauvres, consolant les affligez, & vivant desormais d'une vie digne de la profession que nous faisons d'estre enfans de Dieu & disciples de Jesus-Christ, d'une vie où il ne paroisse plus aucun des vices ni des desordres de la chair & du monde, mais où reluisent clairement les glorieuses marques de la résurrection de nostre Maistre, l'amour du Ciel, le détachement de la terre, le zéle de la maison de Dieu, la pureté, l'honnesteté, la patience, la justice, la liberalité, & toutes les autres vertus Chrétiennes? Que nous serions heureux, Chers Freres, si nous pouvions une fois former ainsi nos cœurs & nos mœurs ! Nous joüirions de la paix de Dieu, nous addoucirions sa colere, nous attirerions sa bénédiction. Nostre innocence éteindroit la haine & l'aversion de la terre, & gagneroit sa bienveillance ; On ne verroit plus au milieu de nous, ces scandales & ces querelles, & tant d'autres foiblesses qui affligent les fidéles, & qui troublent les infirmes. Mais je ne veux pas salir de ces plaintes la pureté de cette heureuse journeé. Que chacun y songe pour soymesme, & se remette sans cesse devant les yeux, le Fils de Dieu mort & ressuscité pour nous, qui nous conjure par l'horreur de sa mort, & par la gloire de sa résurrection, de l'aimer, de le respecter, de le servir, & de nous acheminer gayement à la bien-heureuse immortalité, par la voye qu'il nous a laissée marquée de ses traces, c'est à dire, de ses exemples, & de ses enseignemens divins. Luy-mesme veüille du Ciel où il est monté, nous tendre cette mesme main toute-puissante, par laquelle il releva autresfois son corps du tombeau, & nous arracher par sa divine vertu des ténebres & du sepulcre de l'incrédulité, du vice & des bassesses de la terre, pour voir & pour respirer avec luy la vraye lumiere, & le vray air du Ciel; afin qu'aprés le sejour que nous faisons icy bas en la chair, nous ayons aussi un jour part en nostre rang, à sa résurrection & à son immortalité. AINSI SOIT-IL.

SERMON
SUR LE
PSEAVME CIII.
verſets 1. 2. 3. 4. 5.

1. *Pſeaume de David. Mon ame beny l'E-*
ternel, & tout ce qui eſt au dedans de
moy, beny le nom de ſa Sainteté.

2. *Mon ame beny l'Eternel, & n'oublie pas*
un de ſes bien-faits.

3. *C'eſt luy qui te pardonne toutes tes iniqui-*
tez, qui guerit toutes tes infirmitez.

4. *Qui garentit ta vie de la foſſe, qui te cou-*
ronne de gratuité & de compaſſions.

5. *Qui raſſaſie ta bouche de biens, tellement*
que ta jeuneſſe eſt renouvelée, comme celle
de l'Aigle.

E ſaint Sacrement de la Cene auquel
nous partipâmes Dimanche dernier,
a été appelé *Euchariſtie*, c'eſt à dire,
action de graces, dés les premiers & les plus
anciens temps de l'Egliſe Chrétienne; parce

que c'est une solennelle reconnoissance que
les Fidéles font à leur Seigneur, témoignant
devant luy & devant ses Anges que c'est de sa
seule bonté qu'ils tiennent leur vie; & célé-
brant aussi pour cét effet la memoire de la
mort de Jesus Christ qui la leur a acquise. Si
donc il y a aucun acte en toute nostre Religion, où nous soyons obligez d'apporter une
ame touchée d'un vif ressentiment des bien-
faits de Dieu, c'est celuy-cy sans doute, Mes
Freres. Aussi voyez-vous que pour nous y
exciter, toute cette action est pleine de la
commémoration des graces de Dieu; elle
commence & finit par-là; & tandis que nous
la célébrons, vous savez que ce lieu retentit
presque continuellement de Cantiques de
remerciment. C'est encore à quoy nous appelle particulierement la devotion de ce jour,
qui tient justement le milieu entre deux Cé-
nes; ce qui m'a fait croire que nous ne sçau-
rions l'employer plus à propos que dans l'ex-
plication des paroles du Psalmiste que nous
venons de vous lire, & que vous avez accoû-
tumé de chanter dans cette occasion, entre
autres actions de graces, Car icy le Prophete
Royal ravy hors de luy-mesme par la consi-
dération des bien-faits du Seigneur, exhorte
son ame à s'acquiter de ce devoir, & entrant
incontinent en matiere, il déploye dans le
reste du Pseaume, divers témoignages de la

bonté de Dieu , tant fur luy en particulier,
que fur l'Eglife , & mefme fur tous les hommes en général. Fidéles , vous avez autant
ou plus de fujet que David , de célébrer les
bontez de Dieu , ayant receu tout de nou-
veau les gages de fon amour eternel , &
avec eux , fi vous y avez apporté la foy, la
plus grande grace qui puiffe arriver à l'homme. Dieu veüille que vous n'ayez pas moins
de zéle ; qu'avec une foy & une affection pareille à la fienne , vous difiez maintenant ce
qu'il prononça autrefois , & qui pour noftre
confolation & noftre inftruction , a été con-
fervé jufqu'à ces derniers temps par la Providence divine , *Mon ame , beny l'Eternel , &*
tout ce qui eft au dedans de moy , beny le nom de fa
Sainteté. Mon ame , beny l'Eternel , & n'oublie pas
un de fes bien-faits. C'eft l'entrée de ce Cantique , où le Prophete , comme vous voyez,
nous propofe fon deffein , qui eft de loüer
l'Eternel ; mais il le fait d'une façon vive &
ardente , convenable à une poëfie facrée ; ad-
dreffant fon difcours à fon ame , à cette partie de luy-mefme , qui entendoit , & vivoit
en luy ; qui portant en elle l'image de fon
Créateur , étoit par conféquent obligée d'employer à fa gloire ce qu'elle avoit d'eftre , &
de mouvement. Chers Freres , ce n'eft pas en
vain qu'il luy redouble ce commandement
de loüer le Seigneur par trois ou quatre fois

coup fur coup. *Beny l'Eternel, Beny l'Eternel, &*
n'oublie pas un de ſes bien-faits. C'eſt un ſecret
enſeignement qu'il nous donne de la ſtupidi-
té de nos ames en cét endroit, plongées na-
turellement dans des ſoucis terriens, ſans
penſer à Dieu, ſans avoir aucun ſentiment
de ſes faveurs. Car s'il n'euſt ſenti ſon ame
aſſoupie, & comme panchante d'elle-meſme
en ce miſerable ſommeil, il ne luy euſt pas
crié ſi puiſſamment qu'il fait, & avec une voix
redoublée, *Mon ame beny l'Eternel.* Je ne parle
pas des autres hommes, qui n'ayant, ni ne
voulant avoir aucune connoiſſance de Dieu,
renferment toutes leurs penſées dans cette
terre, mangeant comme des pourceaux, les
fruits qui leur tombent du Ciel, ſans y porter jamais la veuë. Mais les Chrétiens mê-
mes, éclairez par l'Evangile, combien ſont-
ils pareſſeux à s'acquiter de ce devoir ? O
ame humaine qui ne vis & n'agis qu'en Dieu,
qui as receu de luy ſeul ta force & ta viva-
cité, & toute la gloire de ton intelligence,
& toy particulierement, ame Chrétienne, re-
faite & reformée de ſa main, lavée au ſang
de ſon Chriſt, revêtuë de la lumiere de ſon
Eſprit, deſtinée à la jouiſſance de ſon eternité, comment regardes-tu ſi nonchalam-
ment l'Auteur de tant de biens ? Réveille-
toy une bonne fois, & laiſſant-là ces ſonges
qui t'agitent inutilement, beny l'Eternel, qui

est le seul exercice veritablement digne de
toy. C'est, à mon avis, l'exhortation que le
Prophete fait aux ames de nous tous en général, bien qu'il ne l'adresse particulierement
qu'à la sienne. Car si un si grand homme a
jugé necessaire de picquer son ame de la sorte,
pour la porter à s'acquiter de ce devoir,
combien plus sommes-nous obligez à faire
la mesme chose, nous de qui les ames sont
si bas au dessous de la sienne ? rampantes
dans le limon, au lieu que celle du Psalmiste
voloit dans les Cieux, élevée par la grace de
la prophétie au dessus des autres Fidéles? Je
ne vous diray point icy, que *benir l'Eternel* signifie le célébrer, & exalter ses loüanges.
Vous sçavez que Dieu étant infiniment heureux & parfait, ce seroit l'outrager que de luy
souhaiter quelque accroissement de biens.
Le benir donc, c'est le loüer, c'est reconnoî-
tre ses propriétez & ses qualitez, grandes &
parfaites comme elles le sont, en luy attri-
buant la gloire qui luy appartient. David employe ainsi ce mot fort souvent, comme au
Pseaume 34. *Ie beniray l'Eternel en tout temps;*
ce qu'il explique par ces mots qui suivent
immediatement aprés, *sa loüange sera conti-* Ps. 34
nuellement en ma bouche. Ce qui est icy ajoûté 2.
en suite, *tout ce qui est au dedans de moy, beny le*
nom de sa Sainteté, a le mesme sens, mais ex-
primé en divers termes, selon la coûtume du

C iij

Prophete, pour ajoûter quelque nouvelle lumiere aux précédens. Car *l'ame, & ce qui est
au dedans de nous*, est une mesme chose ; &
benir l'Eternel, c'est *benir le nom de sa Sainteté*;
il n'y a point de difference pour le fond. De
sorte qu'il n'est pas besoin pour entendre le
vray sens de ce texte, d'avoir recours à cette
interprétation étrange & forcée de quelques
Anciens, qui par ces mots, *tout ce qui est au
dedans de moy*, entendent les Anges, s'imagi-
nant que dans le corps de chaque Fidéle il y
a plusieurs Anges, & que c'est à eux que s'a-
dresse cette exhortation de David, qui les
convie à loüer Dieu avec luy. Ces spécula-
tions sont trop éloignées, & peu dignes de la
simplicité de la parole divine. Disons donc
que le Psalmiste par *tout ce qui est au dedans de
luy*, signifie toutes ses facultez interieures;
comme son entendement, sa volonté, sa memoire, & les autres puissances semblables de
l'ame. *Le nom de Dieu* signifie icy, & presque
par tout ailleurs dans l'Ecriture, les qualitez
& les attributs de Dieu (ainsi qu'on parle
dans les Ecoles) comme par exemple, sa
puissance, sa sagesse, sa justice, sa misericor-
de, son intelligence, sa providence, son eternité & les autres semblables; enfin, tout ce
que nous connoissons de luy, tout ce qu'il
nous en a révélé, soit dans la nature, soit
dans sa parole. Le saint Esprit appelle cela

le nom de Dieu, à cause que ç'est par là que nous
le connoissons ; car l'on donne les noms aux
choses afin de les reconnoistre, & de les di-
stinguer les unes d'avec les autres. Mais le
Prophete dit *le nom de sa sainteté,* c'est à dire,
son Nom saint, pour nous signifier la grandeur
& la hautesse inestimable des qualitez & des
proprietez de Dieu. Car en la Langue He-
braique, *Saint* veut dire ce qui est separé &
mis à part. En disant donc que le nom du
Seigneur est saint, il signifie que sa bonté, par
exemple, est une bonté nompareille, qui n'a
rien de commun avec aucune autre bonté,
soit celle des hommes, ou celle des Anges ;
Ainsi sa puissance, de mesme sa sagesse, & sa
justice ; & semblablement chacune de ses autres vertus, qui sont, comme nous l'avons dit,
son Nom. C'est le sens du langage des Sera-
phins dans Esaïe, *Saint, Saint, Saint est l'Eter-*
nel des Armées : & du Prophéte au Pseaume Ef. 6.3.
89. *Qui est égal dans les nuées à l'Eternel ? Qui est*
semblable à l'Eternel entre les fils des Forts ? Le
Psalmiste veut donc icy que tout ce qui est au
dedans de luy benisse ce grand nom de l'Eternel ; Surquoy nous avons deux choses à ap-
prendre. La premiere, c'est qu'il ne suffit pas
de benir Dieu de la bouche, comme font les
hypocrites ; il faut que tout ce qui est au dedans de nous le benisse conjointement. Car Ef. 29.
il maudit *le peuple qui s'approche de luy de sa* 13. 14.

C iiij

bouche, *& l'honore de ses levres, éloignant au re-*
ste son cœur de luy. Misérable ! qui immolant
tous les jours vostre cœur au monde, n'em-
ployez que vostre langue seule à la loüange
de Dieu, vous vous abusez bien fort, de pen-
ser que ce faux masque de pieté vous puisse
mettre à couvert de sa colere. Cela seroit
bon pour tromper un homme : Mais les yeux
du Seigneur vont jusqu'au dedans, & percent
tous les voiles redoublez de vostre hypocri-
sie. Ces benedictions que vous luy donnez
de la bouche ne font qu'allumer sa colere,
& il n'y a rien au monde qu'il ait en plus
grande abomination que d'estre loüé d'un
cœur feint. *Qu'avez-vous à faire* (dit-il aux
méchans) *de reciter mes statuts, & de prendre*
mon alliance en vostre bouche, puis que vous hais-
fez la correction, & que vous avez jetté mes paro-
les arriere de vous ? Jesus Christ reprit autrefois les demons qui le confessoient Fils de
Dieu, & il leur imposa silence ; Et le Psalmiste dit, que *la loüange de Dieu est bien-séante*
aux Fidéles, c'est à dire, *à ceux qui ont l'ame*
nette & le cœur droit ; comme nous voulant
faire entendre qu'il n'appartient pas aux autres de se mesler de benir Dieu. Mais en se-
cond lieu, remarquez que nostre Prophete
veut que *tout ce qui au dedans de luy benisse le*
nom du Seigneur ; non une partie de l'ame seulement, mais toutes, sans excepter pas une.

Arriere d'icy ceux qui veulent le benir de l'entendement, & non de la volonté, qui veulent bien connoiſtre ſes merveilles, mais non pas luy conſacrer leurs affections. Puis que nous avons tout receu de Dieu, n'eſt-il pas juſte que de bonne foy nous luy rendions, & luy conſacrions le tout ? Mais, me direz-vous, comment eſt-il poſſible que toutes les puiſſances de nôtre ame beniſſent le Seigneur, puis que *le benir*, eſt un acte de l'intelligence? Car c'eſt ou penſer, ou dire qu'il eſt grand, & admirable en bonté, & en ſageſſe. Toutes les puiſſances de noſtre ame ſont-elles capables de cela ? N'y en a-t-il pas quelques-unes qui ſont d'une autre nature, comme la volonté par exemple, qui ne penſe pas aux choſes, mais qui les veut ? A cela je répons, qu'il eſt bien vray qu'à proprement parler, c'eſt une action de l'entendement, que de benir Dieu. Mais cela n'empeſche pas que les autres puiſſances de noſtre ame ne puiſſent y avoir leur part. La volonté le benit quand par l'amour qu'elle luy porte elle témoigne que nous ſommes vivement touchez de ſa bonté ; la memoire le benit quand elle conſerve fidélement les images de ſes bien-faits; les affections & les eſpérances le beniſſent quand elles s'attachent aux choſes qui luy ſont agréables. Tout ce qui eſt au dedans de nous le benit, quand chaque faculté de

noſtre ame eſt rangée & diſpoſée comme il
l'ordonne en ſa parole. Si vous logez dans un
coin de voſtre ame, ou l'avarice, ou la luxure, ou la haine du prochain, ou la défiance
de la Providence divine, ou quelque autre
idole ſemblable, tout ce qui eſt au dedans de
vous ne benit pas ſon Nom. Car en agiſſant
ainſi, vous contredites clairement la loüange
que nous luy devons donner d'eſtre tout bon,
tout ſage, tout puiſſant, & tout véritable. Le
Pſalmiſte pour nous montrer qu'il l'entend
de la ſorte, aprés avoir encore répété ces
mots, *Mon ame beny l'Eternel*, ajoûte, *& n'ou-*
blie pas un de tous ſes bien fait. Noſtre mémoire eſt auſſi miſérablement corrompuë que les
autres parties de noſtre ame. Elle reçoit aiſément & conſerve long-temps les images du
mal, mais on a beaucoup de peine à y impri-
mer le bien, & plus encore à l'y retenir; c'eſt
comme un ſas, ou un crible qui laiſſe paſſer
la farine, & qui ne retient que le ſon. Mais
s'il y a aucun endroit où ce défaut ſe découvre
clairement, c'eſt dans le ſujet dont nous par-
lons. Quant aux offenſes que nous avons
receuës, il n'y a rien ſi difficile que de nous
en faire perdre le ſouvenir; au lieu que des
bien-faits les plus conſidérables, la mémoire
s'en évanoüit incontinent; tant il nous eſt
naturel de retenir plus aiſément le mal que
le bien. David donc reconnoiſſant que ce

defaut nous est ordinaire, avertit son ame
de s'en donner garde, *N'oublie*, luy dit-il,
aucun des bien-faits du Seigneur. Et certes il a
bien raison: car si c'est une injustice que d'oublier les bien-faits des hommes, quel horri-
ble crime sera-ce d'oublier ceux de Dieu,
qui surpassent infiniment les autres, & en
nombre, & en grandeur? C'est pourquoy le
Prophete veut que son *ame n'en oublie aucun;*
comme en effet, il n'y en a pas un, quelque
petit qu'il semble en luy-mesme, qui ne mé-
rite d'estre continuellement en nostre pensée. Car le moindre des biens que nous re-
cevons de Dieu est tel, que tous les hommes
ne nous en sçauroient donner autant, quand
ils auroient joint ensemble tout ce qu'ils ont
de force & d'industrie pour y fournir. Par
exemple, l'une des parties de nostre corps,
quelque petite qu'elle soit, ou cet air que
nous respirons, ou cette lumiere que nous
voyons. Cette mémoire mesme par laquelle
nous conferons le souvenir de ses bien-faits,
est un de ses bien-faits. Je sçay bien qu'il y
a des hommes qui se vantent d'enseigner
l'art de mémoire; mais avec toute leur industrie, ils ne sçauroient jamais nous avoir appris celle-cy; Dieu seul est capable de la donner. Le voicy donc, mes Freres, qui pour
soulager nostre infirmité, nous représente
avec la plume de son Prophéte, les principaux

bien-faits que nous avons receus de luy.
Dans le reſte de noſtre texte, il nous en pro-
poſe comme ſix tableaux que nous parcoure-
rons briévement, conſiderant en chaçun les
jmages des graces que Dieu nous a faites. Il
nous décrit donc en premier lieu, la rémiſſion de nos pechez, *C'eſt luy qui te pardonne tou-*
tes tes iniquitez. Puis que c'eſt le peché qui nous
ſépare d'avec Dieu, il s'enſuit que la rémiſſion des péchez eſt la premiere & la plus excellente de toutes ſes faveurs. Et c'eſt ce qui
fait dire ailleurs au Pſalmiſte, *O que bien-heu-*
reux eſt celuy duquel la tranſgreſſion eſt quittée, &
duquel le peché eſt couvert! O que bien-heureux eſt
l'homme auquel l'Eternel n'impute point l'iniquité,
& en l'eſprit duquel il n'y a point de fraude! Pe-
ſez vous-meſmes, Ames fideles, la grandeur de ce bien-fait, en conſiderant prémie-
rement l'horreur & les effets, puis le nombre
de vos pechez, & la façon dont Dieu vous les
a remis. Car pour le premier, le peché eſt un
crime de léze Majeſté divine, digne de la
mort éternelle, ſelon cette épouvantable
ſentence de la Loy, *Maudit eſt quiconque ne ſe-*
ra permanent à toutes les choſes écrites en ce liure.
Sur la terre on celebre la bonté des Princes
qui pardonnent à leurs ſujets quelques crimes, ſur tout s'ils ſont atroces, comme ceux
de leze Majeſté. Que ſçaurions-nous donc dire
ou faire qui réponde à l'excellence de la

Pſ. 32.
v. 2.

bonté de Dieu qui nous a remis des fautes
commises , non contre quelques créatures
mortelles , mais contre luy , de qui la Majesté
est infinie ? Mais encore ce qui rehausse ex-
trémement cette grace du Seigneur , c'est
qu'il ne nous a pas remis une faute ou deux
seulement , mais *toutes nos iniquitez* , comme
chante le Psalmiste , c'est à dire , un nombre
infini de pechez ; & l'ordure originelle dans
laquelle nous sommes nez , & tant de fautes
que nous y avons ajoûtées , en nostre enfance,
en nostre jeunesse , en nostre âge plus meur,
de paroles, de pensées, d'actions ; obmettant le
bien commandé, commettant le mal défendu,
manquant au respect & à l'obeïssance de Dieu,
à la dilection & au service du prochain. Le
temps me manqueroit , si je voulois icy vous
raconter toutes les formes , & toutes les especes de nos crimes. Tant y a que Dieu , par
une incomparable & vrayment divine bonté,
nous a pardonné toute cette innombrable
multitude de pechez ; & ce qui enchérit encore par dessus , il nous les a remis purement
& simplement , sans exiger aucune peine , ni
amende , ni satisfaction de nous , sans que
nous l'en requissions seulement , prévenant
nostre endurcissement par l'abondance infinie
de sa miséricorde. On a vû des Princes fléchis
par les larmes des Criminels , par les impor-
tunes sollicitations de leurs parens. Icy , per-

sonne n'a intercedé pour nous envers Dieu, que sa seule bonté qui s'est interposée entre sa justice & nos crimes. Car pour nous, au lieu de pleurer nos maux, & d'implorer son secours, nous l'irritions chaque jour, & par une obstination furieuse, nous tâchions à l'animer de plus en plus, bien loin de songer à l'appaiser. Nous trouvant ainsi disposez, il n'a pas laissé (ô bonté infinie!) de nous pardonner, sans nous obliger mesme à aucune peine. Tout ce qu'il demande de nous, c'est que nous prenions une entiere confiance en son amour, que nous croyions en luy, comme parle l'Ecriture, & que nous l'aymions, en suite de son amour. Mais le comble de sa grace, c'est que pour nous pouvoir pardonner, il a livré son propre Fils à la mort de la Croix. Nous le sçavons, chers Freres, l'Evangile nous l'a appris, & nous venons tout fraischement d'en célébrer la mémoire. C'est en ce point que nous avons de l'avantage sur David; car il n'avoit garde de sçavoir cette circonstance si clairement & si nettement, que nous la sçavons aujourd'huy. Nostre gratitude donc ne devroit-elle pas surpasser la sienne à mesme proportion? Si ne connoissant qu'en gros la rémission des pechez, il en conçoit néanmoins une si grande amour envers Dieu, qu'il commande à son ame, à tout ce qui est au dedans de luy, de le bénir; que devons-

nous faire, nous qui fçavons que ce pardon fi
merveilleux luy coufte la vie de fon Fils unique ? Ne ferions-nous pas les plus ingrates &
les plus miférables créatures de la Terre, fi
nous ne confacrions tout ce que nous fommes, à la loüange d'un fi bon & fi mifericor-
dieux Seigneur ? fi, particulierement, nous n'i-
mitions envers nos Freres, la benignité qu'il
a exercée envers nous ? Fidéles, voftre Dieu
vous a pardonné les crimes de leze Majefté
divine; ne pardonnerez-vous pas à voftre frere
je ne fçay quelles légéres offenfes, qui confi-
ftent le plus fouvent en paroles qu'en effets,
en foupçons & en prétentions, plûtoft qu'en
des fautes réelles ? Il vous a receu en grace,
vous qui n'eftes qu'un ver de terre, qui n'avez
aucune communion de nature avec luy; n'y
recevrez-vous pas voftre frere, qui eft voftre
chair & voftre fang ? Il vous a remis une infi-
nité de pechez; ne pardonnerez-vous pas mê-
me une feule offence ? Il vous a quitté des ta-
lens, ne quitterez-vous pas un denier a voftre
compagnon de fervice ? Il a acheté la grace
qu'il vous a faite, au prix de la mort de fon
unique; ferez-vous fi dur que de ne vouloir
pas donner un pardon qui ne vous coufte
rien ? O ame ingrate, & vèritablement indi-
gne du pardon de Dieu, fi aprés avoir été ainfi
traité de luy, vous ufez d'une telle inhuma-
nité envers les autres ! Mais venons au fe-

cond tableau de noftre Prophete; il nous y a
reprefenté noftre fantification en ces mots,
C'eft le Seigneur qui guerit toutes tes infirmitez. Je
fay bien qu'il y a des Interprétes qui rapportent cecy aux maladïes corporelles, dont le
Pfalmifte avoit été guery par la bonté de
Dieu, & jé ne nie pas que cela ne fe puiffe
prendre ainfi. Néanmoins parce qu'il parle
icy à fon ame, & immédiatement aprés *la
rémiſſion de fes pechez*; mais fur tout, parce
que nous fommes un Ifraël fpirituel, qui ne
connoiffons plus rien felon la chair, il vaut
mieux que nous rapportions cecy aux infirmitez de l'ame, à celles de *nos douleurs & de nos*
langueurs, que Chrift *a chargées*, & *à la guerifon*
que *nous avons par fa meurtriſſùre.* Car, chers
Freres, nos ames ont auffi leurs infirmitez,
c'eft à dire, felon le ftyle de l'Ecriture, leurs
maladïes beaucoup plus dangereufes, à le
bien prendre, que celles du corps. Elles ont
auffi leurs fiévres qui les confument peu-à-
peu par les retours alternatifs de leurs accés; les tourmentant tantoft avec le froid,
& tantoft avec le chaud. Elles ont auffi leurs
migraines, leurs phrenéfies, & leurs létar-
gies. Elles font fujettes à des maux qui ont de
l'analogie avec ces infinies efpeces de maladies que les Medecins content, & que nous
fouffrons en nos corps. La luxure, l'ambition, l'avarice, l'impieté, l'animofité, la fu-
perftition;

Ef. 53. 4.

perstition; en un mot, les vices & les paſ-
ſions de nos ames, ne ſont-ce pas des maladies qui ont leurs cauſes & interieures & ex-
terieures ? leurs accidens & leurs ſympto-
mes ? leurs douleurs & leurs efforts? La difference qu'il y a, c'eſt qu'elles agiſſent dans
un ſujet beaucoup plus ſubtil, & que par con-
ſequent elles ſont beaucoup plus dangereu-
ſes, parce qu'elles font moins reſſentir leur
malignité au patient ; dont elles charment
tellement les ſens, que ſi Dieu ne le réveille,
non-ſeulement il ne ſent pas ſon mal, mais
meſme il eſt chatoüillé de quelque vain plaiſir en le ſouffrant; de ſorte qu'il meurt ſans
ſe plaindre, & s'imagine de vivre lors meſme
que la mort le dévore. De ces maladies-là,
Dieu en guerit les hommes en deux ſortes;
premierement, en leur pardonnant leurs péchez, en vertu de la ſatisfaction de Jeſus-
Chriſt, l'unique reméde ſalutaire ; qui étant
appliqué à nos ames leur donne le ſoulage-
ment néceſſaire, & leur oſte cette premiere
partie de leur mal. C'eſt de cette guériſon-là
que parle Saint Pierre, quand il dit que *par*
la batture du Seigneur nous avons été guéris; & le
Pſalmiſte nous la décrivoit dans l'article pré-
cédent, où il vient de dire que *Dieu luy avoit*
pardonné toutes ſes iniquitez. L'autre façon dont
Dieu nous guérit de ces maladies ſpirituelles,
c'eſt qu'enſuite de la premiere cure, il répand

1. Pier.
1.24.

D

dans nos ames sa parole accompagnée de la vertu de son Esprit : cette parole dont il est dit, *Il envoye sa parole & les guerit.* Et ailleurs en un autre excellent livre, bien qu'il ne soit pas Canonique, *Ce n'a été ni herbe, ni emplâtre qui les a guéris, mais ta parole, Seigneur, qui donne la santé à toutes choses.* Sa parole, dis-je, accompagnée de la vertu de son Esprit, cette eau dont l'efficace est si célébre dans les Ecritures, qui nettoye nos playes, qui tempere nos inflammations, qui rafraischit nos ardeurs, qui purge nos humeurs, qui purifie toute la masse de nostre sang, & qui chasse peu à peu par ces divers moyens, toutes les maladies mortelles dont nos ames étoient travaillées auparavant, l'avarice, la vanité, & d'autres semblables pestes ; C'est à mon avis, la guérison qu'entend icy le Psalmiste. Pauvres hommes ! qui languissez sous le fléau de quelqu'une de ces infirmitez, ayez recours à ce grand Medecin qui guérit autrefois David. Il a encore aujourd'huy cette mesme bonté, & cette mesme puissance qu'il avoit alors; son cœur n'a point changé ; ses simples & ses médicamens n'ont pas perdu leur efficace, soyez seulement soigneux de vous les appliquer comme il faut. Vous que l'avarice consume, vous que l'ambition déchire, vous que l'animosité a enflammez, vous que la luxure fond & dissout insensiblément ; venez à Dieu qui

se présente à vous par son Christ, & qui vous
offre en luy sa parole & son Esprit, venez à
luy & vous trouverez repos à vos ames. Si
vous sentez en vos corps la moindre indispo-
sition, vous appellez les plus fameux Médé-
cins, vous faites les diétes qu'ils vous ordon-
nent, quelques rudes qu'elles soient, vous
prenez leurs médicamens pour amers qu'ils
puissent estre, vous courez aux eaux, vous
observez exactement ce qu'ils vous préscri-
vent ; Et tout cela, pour pourrir trois ou quatre ans plus tard que vous ne feriez. Icy, ô
hommes, où il est question de vos Ames, non
de diférer ; mais d'éviter leur mort, & de leur
procurer une santé éternelle ; vous ne dai-
gnez écouter le souverain Médécin, dont la
science est infinie, dont les ordonnances ne
coustent rien, dont les cures sont parfaites,
dont le traittement reüssit toûjours assûre-
ment à la guérison ! Pour vous, mes Freres
bien-aymez, qui avez déja passé par les mains
de ce Médécin céléste, qui avez reconnu, par
vostre expérience, combien ses remedes sont
infailliblement salutaires, au nom de Dieu,
continuez d'en user. Je say bien qu'il vous
a guéris de toutes vos infirmitez ; c'est à dire, qu'il
n'a laissé dans vos ames aucune mauvaise &
vicieuse habitude, à laquelle il n'ait donné
quelque atteinte ; car il ne guérit pas à de-
my, & ceux-là s'abusent lourdement, qui

D ij

étant tout-à-fait esclaves d'un vice, quel
qu'il puisse estre, s'imaginent d'estre du nombre de ses rachetez, sous ombre qu'ils ne se
sentent pas sujets à quelque autre. Ie confes-
se donc que vous pouvez dire avec le Prophéte, que *le Seigneur vous a guéris de toutes vos infirmitez*; Mais néanmoins vous sentez bien
aussi que la cure de chacun de ces maux n'est
pas encore parfaite en vous, parce que les
habitudes du peché étoient enracinées si
avant dans nos ames, qu'il n'est pas possible
icy bas, qu'elles soient entiérement & tout-à-
fait guéries, sans qu'il nous en reste plus
rien. Dieu selon sa sagesse infinie, fait cette
cure peu à peu, & il nous la dispense par divers degrez, nous fortifiant de jour en jour,
jusqu'à ce qu'enfin dans son Royaume céle-
ste nous parvenions à une santé si ferme, que
nous n'ayons plus besoin de ces médicamens
qu'il nous applique encore tous les jours, sa
parole, ses châtimens, & autres choses semblables. Mais comme vous voyez que dans
la vie commune, quand la cause de la maladie est une fois ostée, que ses plus dange-
reux symptomes sont cessez, que le patient
commence à marcher, nous disons qu'il est
guéry, & s'il a été travaillé, comme cela arrive souvent, de plusieurs espéces de maux,
nous disons qu'il est guéry de toutes ses infirmitez, bien qu'il luy reste encore quelque

indispofition, qu'il n'ait pas encore les membres entiérement affermis ; il en est de mesme de noftre condition fpirituelle. Nous fommes guéris, parce que le gros du mal, s'il faut dire ainfi, est levé, l'habitude du vice, la caufe de la maladie est oftée, quoy qu'il nous reste encore quelque débilité, & que nos pieds ne foient pas encore bien raffûrez. Estant en cét état, que reste-t-il, finon que d'un cofté nous rendions graces immortelles à noftre Dieu, qui nous a tirez de ce miférable lit d'infirmité où nous pouriffions ? qui nous a délivrez de ces violens accés de tant de malheureufes paffions qui nous agitoient ? Et que de l'autre cofté nous nous ménagions avec une extréme circonfpection, comme ceux qui fortent de quelque grande maladie ; nous abstenant foigneufement des chofes défenduës par noftre fouverain Médécin, pratiquant fes diétes, ufant de fes remédes ; c'est à dire, lifant & méditant fa parole avec affiduité, participant à fes Sacremens, priant, veillant & nous exerçant dans les œuvres de piété & de charité, fuyant comme un air empefté, la compagnie des hommes frappez des vices dont le Seigneur nous a guéris, fréquentant & recherchant fans ceffe, ceux qui font plus avancez que nous, qui jouyffent d'une fanté plus ferme & plus vigoureufe ; enfin ayant continuelle-

D. iij

ment dans le cœur l'avertiſſement de noſtre Maiſtre, *Voicy tu as été rendu ſain, ne péche plus deſormais, de peur que pis ne t'arrive.* Mais le temps qui s'écoule, nous preſſe de paſſer aux autres bien-faits de Dieu dont noſtre Prophéte fait icy le tableau. Le troiſiême, c'eſt *qu'il a garanty ſa vie de la foſſe* : Il n'eſt pas beſoin que je vous diſe, que par une figure ordinaire à toutes ſortes de Langues, & particulierement à l'Hébraïque, il met icy *la foſſe*, c'eſt à dire le ſépulcre, ou le tombeau, pour la mort; *il a garanti ta vie de la foſſe*, c'eſt à dire, de la mort. Et ne ſoyez pas troublez de ce qu'il parle à ſon Ame, dont la vie n'eſt point ſujette à la foſſe, puis que ſon eſſence eſt immortelle. Car c'eſt le ſtyle des Langues Orientales de dire *l'Ame*, pour l'homme tout entier. Outre que la vie du corps appartient auſſi à l'Ame, puis que c'eſt l'ame qui la produit en nous : & quand nos corps deſcendent dans le ſepulcre, noſtre ame y perd quelque choſe, ſçavoir l'exercice de cette vie animale qu'elle déployoit tandis qu'elle étoit liée avec le corps, ne luy reſtant plus qu'une vie purement ſpirituelle, quand elle eſt une fois détachée d'avec le corps ; de ſorte que l'on pourroit aiſément interpréter ces paroles des délivrances temporelles que Dieu avoit données au Pſalmiſte. Mais quant à nous, qui vivons en la lumiére de Chriſt , & non

pas dans les ombres de Moïse, nous ne pouvons rapporter ces mots ailleurs qu'à la fosse
spirituelle & mystique dont le Seigneur nous
a garantis par son Fils Jesus-Christ, nostre
Seigneur. Car nostre ame, chers Freres, a
aussi sa *fosse*, non locale & terrienne, à la vérité, comme celle où l'on enterre nos corps
aprés la mort, mais spirituelle & proportion-
née à sa nature, celle que l'Ecriture appelle
l'abysme, la malediction de Dieu, la mort seconde;
fosse la plus basse & la plus hideuse qui soit au
monde. C'est de celle-là que Dieu nous a garantis; car puis qu'il nous a pardonné nos
péchez, qui est la premiére de ses graces, il
s'ensuit aussi qu'il nous délivre de cette mort,
qui est le gage du peché, comme nous l'enseigne saint Paul. Ayant levé la cause, il a,
par conséquent, osté l'effet. Il ne fait pas
comme le Pape, qui par une cruelle compas-
sion retient la peine à ceux-là mesmes à qui il
a remis la coulpe, ne laissant pas de punir,
bien qu'il ait pardonné. Si vous voulez sçavoir, Ame fidéle, quelle & combien admirable est cette grace de Dieu, considérez combien sont horribles les tourmens des Enfers,
& combien épouvantable ce malheur, que
des étangs de feu & de soulphre tout boüillans,
qu'un ver qui ronge sans cesse; que des pleurs &
des grincemens de dents; qu'une flamme ardente,
& les autres images employées par l'Escri-

ture, de tout ce que nous pouvons nous figu-
rer de plus effroyable, ne sont pas capables
d'exprimer. Mesurez encore dans vostre esprit, la durée de cette mort qui ne finit
point ; qui navre toûjours sans jamais tuer ;
qui aprés la révolution de mille & mille sié-
cles, ne sera pas plus proche de sa fin qu'elle
éroit au commencement. C'est la *fosse*, ô Fidéle, dont le Seigneur nous *a garantis*. Pen-
sez encore que pour cela il a voulu que son
Fils prit nostre chair, & s'alliast à nôtre nature ; le mot de *garantir* qu'employe le Psalmiste, nous donne le sujet de cette pensée :
car il signifie proprement une garantie, ou
une délivrance, qui se fait par *un proche de
sang*, comme parle l'Ecriture ; c'est à dire,
par une personne qui est de mesme lignée,
& de mesme famille que nous. Ce grand
Dieu tout-puissant nous a donc délivrez de
la mort éternelle ; mais pour nous en délivrer
il s'est fait *nôtre proche de sang* ; il s'est fait
homme comme nous, afin d'avoir droit de
nous rachepter par son sang. Mais ce qui
suit n'est pas moins considérable : c'est qu'a-
prés nous avoir sauvez de l'Enfer, & aprés
avoir garanti nôtre vie de cette profonde
& éternelle fosse, *il nous couronne de gratuités &
de compassions*, ajoûte le Prophéte, en quatriè-
me lieu. Il veut dire que nonobstant nos
foiblesses, il continuë sur nous le cours de

fes divines bontez : *la gratuité* fignifie en général, un bien que l'on nous fait fans obli-
gation ; & par pure bonté. Mais *la compaffion*
emporte encore quelque chofe de plus. Car
c'eft un bien-fait envers une perfonne miſé-
rable. Il femble donc que l'on puiffe diftin-
guer en ce lieu, la fignification de ces deux
mots, rapportant le premier aux faveurs que
le Seigneur déploye fur nous en nôtre pro-
fpérité, & le fecond, aux délivrances qu'il
nous donne dans l'adverfité. Ainfi la gratuité & la compaffion de Dieu accompagnent
comme elles font, tout le cours de noftre
vie, le Prophéte les compare tres-élegam-
ment à *une couronne*, dont le Seigneur nous
environne la tefte de toutes parts ; n'y ayant
aucun endroit en nôtre vie, qui ne fe trouve
couvert de l'un ou de l'autre. Il n'eft pas be-
foin que nous nous arrétions à vous le véri-
fier en David, par l'hiftoire de fa vie, qui n'eft
autre chofe, comme vous fçavez, qu'un excellent & admirable tiffu, une couronne glo-
rieufe de bontés & de compaffions divines,
que l'on void fe déployer tour à tour fur luy,
tantoft pour l'enrichir de mille & mille graces fpirituelles & corporelles, tantoft pour le
tirer miraculeufement contre toute apparen-
ce, & toute efpérance humaine, des dangers
& des néceffitez où il fe trouvoit. Penfons
plûtoft à nous, chers Freres ; Certainement

nous pouvons dire avec vérité, & nous ne
fçaurions nier fans ingratitude, que *Dieu
nous a couronnez de gratuitez & de compaſſions.*
Car quel autre peuple y a-t-il en la Terre,
où elles ſoient plus viſibles & plus illuſtres,
que ſur nous? Regardez combien de graces il
nous fait tous les jours, nous continuant la
bénédiction de ſa parole, l'aſſiſtance de ſon
eſprit, la faveur & la lumiére de ſon Chriſt?
nous augmentant ſes dons, & par une com-
paſſion véritablement divine, nous épar-
gnant, nonobſtant tant de défauts qui ſe
voyént parmy nous, tant de vices qui y ré-
gnent, au grand ſcandale de tout le monde?
O troupeau de J. Chriſt! reſpectez cette belle
& honorable couronne que voſtre Dieu vous
a miſe ſur la teſte, Prenez garde qu'il ne vous
l'arrache ſi vous vous obſtinez en vôtre impé-
nitence; qu'il ne la change en une couronne
d'épines; qu'il ne vous enveloppe de ſa colé-
re & de ſa fureur, comme d'une triſte ceintu-
re de fer. Le Prophéte Royal ajoûte en
cinquiéme lieu, que *le Seigneur raſſaſſie ſa bouche de biens* Je n'ignore pas, mes Freres, que
cela ſe peut entendre de la conſervation de
nôtre vie terrienne, pour laquelle nôtre Seigneur *nous donne toutes choſes abondamment pour
en jouyr*, comme parle ſaint Paul; nous faiſant
germer le pain de la terre, & nous produiſant
une infinie diverſité de fruits, en une ſi riche

1. Tim
6. 7.

& si plantureuse abondance, qu'il y en a non seulement pour nos nécessitez, mais mesme pour nos délices ; nous fournissant en mesme temps toutes les autres commoditez, comme la lumiére de son Soleil, pour nous addresser, diverses étoffes pour nous vétir, une innombrable quantité de bois, de pierres, de métaux pour bâtir nos maisons & pour les meubler ; les métiers, les sciences, & les autres choses semblables qui se rapportent à l'usage, ou à l'ornement de la vie présente. Je sçay aussi qu'encore que les Fidéles soient quelquefois en nécessité selon le monde, néanmoins, on peut dire d'eux, que le Seigneur, mesme à cét égard, *leur remplit la bouche de biens* ; parce qu'il leur donne ce qu'il leur suffit, & qu'il leur apprend ce bel Art qu'il avoit enseigné à saint Paul, *J'ay appris*, dit-il, *à estre content des choses selon que je me trouve, je suis instruit tant à estre rassassié, qu'à avoir faim, tant à abonder, qu'à avoir disette.* Il nous enrichit, non en augmentant nos biens, mais en diminuant nos convoitises ; non en ajoûtant à nôtre revenu, mais en retranchant de nôtre besoin. Quoy que les choses soient ainsi, si est-ce, pourtant que j'estime qu'il est plus à propos d'entendre encore cecy spirituellement, des biens que Dieu nous a donnez pour la possession, & pour la conservation de la vie éternelle, qu'il a déja commen-

Phil.
II. 12.

cée en nous. C'eſt à cét égard principale-
ment, mes Freres, que Dieu *a remply voſtre*
bouche de biens; puis que *ſa divine puiſſance nous*
a donné, comme dit ſaint Pierre, *tout ce qui*
appartient à la vie & à la pieté, par la connoiſſan-
ce de celuy qui nous a apelez, Ieſus Chriſt noſtre
Seigneur, en qui habite toute la plenitude de la ſa-
geſſe, juſtice, ſantification & redemption qui nous eſt
néceſſaire. Encore tout fraiſchement il vous a
donné ſa chair & ſon ſang; viande divine,
incomparablement plus excellente que les
fruits du Paradis terreſtre, dont Adam étoit
nourri, que la Manne du déſert dont étoient
raſſaſſiez les Iſraëlites. C'eſt de cette viande
là que l'on peut véritablement dire ce qui
ſuit dans nôtre texte pour la fin, *qu'elle renou-*
velle noſtre jeuneſſe comme à l'Aigle. Car toutes
les autres viandes, quelque délicate qu'elles
puiſſent eſtre, ne ſçauroient empeſcher
l'homme de vieillir; Il n'y a que celle-cy qui
ait cette admirable vertu. Fidéles, ſi vôtre
bouche en a été véritablement *remplie*, vous ne
vieillirez jamais : vous verrez rouler les
Cieux, & paſſer les ſiécles, ſans que la force
du temps qui mine & qui change toutes choſes, puiſſe flétrir vôtre ſanté, Vne immortelle jeuneſſe fleurira à jamais en vous; cét
homme intérieur que Dieu y a creé, ne dé-
chet point, mais il croiſt de jour en jour, de
foy en foy, & d'eſpérance en eſpérance. Cette

nourriture divine que vous avez prise Dimanche dernier , le préservera de la corru-
ption, jufqu'à ce que dépoüillé de cette rob-
be mortelle de chair & de fang ; dont il eſt
maintenant couvert, comme d'un miférable
haillon , il fera revêtu d'un corps glorieux,
immortel & célefte. C'eſt à mon avis , ce
que le Pfalmiſte entend par cette comparaifon de l'Aigle qu'il emplove icy. Surquoy
les Interprétes Juifs nous content que l'Aigle de dix en dix ans , s'éleve jufqu'au
plus haut de la région élémentaire , & que
de là elle fe précipite dans la mer ; où étant
tombé il luy revient de nouvelles plumes , &
que c'eſt ainfi que *fa jeuneſſe ſe renouvelle.* Mais
c'eſt une fable qu'ils ont forgée à plaiſir. Ce
qui eſt bien conſtant , & affûré par tous ceux
qui ont eu la curiofité de rechercher les chofes de la Nature ; c'eſt que l'Aigle eſt le plus
vif & le plus robuſte de tous les oyſeaux ; qui
n'eſt fujet à aucune maladie , & qui ne s'affoi-
blit nullement par la vieilleſſe , demeurant
toûjours en un mefme état, jufques là que le
plus célebre de tous les Naturaliſtes nous a
laiſſé par écrit , que l'Aigle ne meurt point
de vieilleſſe , mais de faim, parce que le def-
fus de fon bec croiſt jufqu'à vne ſi demefurée
grandeur , qu'il luy eſt impoſſible de l'ouvrir
pour recevoir de la nourriture. C'eſt donc
fort à propos que le Pfalmiſte compare la fer-

meté & la conftance immortelle de cette
feconde & nouvelle Nature, que Dieu nous
donne par la foy en fon Fils, à la vigoureufe
fanté de cét oyfeau Royal. Et le Prophete
Efaïe fe fert de la mefme comparaifon en ce
fens, au chap. 40. de fes Révélations. *Ceux*
qui s'attendent à l'Eternel cüeillent de nouvelles for-
ces; les aifles leur reviennent comme à l'Aigle; ils
courront & ne fe travailleront point, ils marcheront
& ne fe lafferont point. Voilà en peu de mots,
chers Fréres, les bien-faits de Dieu que le
Prophéte nous a repréfentez dans ce texte;
que c'eft luy qui nous juftifie & qui nous fan-
tifie, qui nous rachéte de la mort & nous con-
ferve en vie, nous donnant tous les biens né-
ceffaires pour cela; tellement qu'en fuite il
nous rend immortels. Outre que le Prophéte nous en vient d'affûrer, vous en avez depuis peu receu les gages, & comme je l'efpé-
re, la chofe mefme de la main du Seigneur,
qui nous protefte que quiconque mangera du
pain qu'il vous a donné, vivra éternellement,
& fera reffufcité au dernier jour. Puis qu'il
nous a comblez de fes biens, n'eft-il pas raifonnable que nous l'honnorions de nos
loüanges? Puis qu'il nous eft une couronne
de gratuité, n'eft-il pas jufte que nous luy
foyons une couronne de gloire? que cette vie
que nous ne tenons que de luy, foit toute
entiére un facré Cantique au nom de fa Sain-

teté , où nos prochains lisent clairement sa
puissance, sa bonté & sa sagesse. Fidéles, si
nous en usons ainsi , il nous multipliera de
plus en plus ses faveurs, nous fortifiant , &
nous consolant , nous renouvelant intérieu-
rement, sans jamais permettre que cette nouvelle créature qu'il a formée au dedans de
nous, s'affoiblisse, ou qu'elle décline. Et quoy
que les graces qu'il nous fait icy bas soient
fort grandes , si est-ce qu'elles ne sont que les
commencemens de cette plénitude de biens
qu'il nous donnera en l'autre siécle , lors qu'il
nous abbrûvera au fleuue de ses délices, &
qu'il sera parfaitement , comme éternellement , tout en nous tous. AINSI SOIT-IL.

Prononcé à Charenton le Ieudy aprés Pasques,
10. Avril 1670.